図で見て
ストン！とわかる

日本経済 ポツンと一人負けの 本当の理由

Maji Shuzo
間地秀三

青春出版社

社会保障費を増やすと
景気は良くなる？ 悪くなる？

上は、正答率３％の問題です。
あなたはどう思いますか？

医療・介護・福祉などの
社会保障費が、超高齢化
社会の到来とともに
爆増して大変だと騒がれて
いますから、多くの人は
社会保障費を増やすと
景気が悪くなると思って
います。違うんですか？

違います。良くなります

ではなぜ多くの人が
悪くなると回答して
しまうんですか？

それは、お金は人から
人へ渡っていくもので、
お金は経済の血流
ということを
考えに入れてないからです

ピンときません。
具体的に
説明してください

じつは私、東洋医学に興味が
あって、鍼灸（しんきゅう）の学校に
通ってたときに、京都の
ド田舎の老人介護施設に
研修に行きました

このとき、一生懸命に
介護施設で働く人たちを
見て思ったんです。
社会保障費が増えたら、
彼らはどうなるかを

施設で働く人たちの
賃金を上げられますね

続いてどうなります？

働く人たちの
お金に余裕ができれば、
その地域での
消費活動が活発になる
と思います

結果、景気は
どうなります？

良くなりますね

下図のように
なるよね

医療・介護・福祉　で　

景気

ところが残念ながら、
今は右ページ上図の状態です。
この先、さらにこの傾向が
強くなると思われます

医療・介護・福祉　で　景気

すると、限られた予算の中で
社会保障に多くの
予算を割いてしまうと、
残りのお金が少なくなって
景気が悪くなると
いうのは、机上の空論
ということですね？

その通りです。
社会保障にたくさん
お金をばらまけば、
そのお金は主に
個人消費に反映される
ことになります。
ですから景気は良くなります

目次

その2

国民1人当たり900万円の借金があると 勘違いしました

その3

他国はGDPが伸びているのに 日本は伸びません

その4

国の財政を健全化しても 景気は悪いままです

どうしたら国民の不安は
軽減されるのでしょうか？

国がお金を低所得者層に流して
下から日本経済を回復させればよいのです …… 162

その1

現実を見つめてください

借金を恐れずに投資する他国は、
GDPを増やしています …… 163

他国

日本

GDP　　　　GDP

その2

デフレの正体がわかっていますか？

貧しくてお金が使えない人が
たくさん増えたからです …… 173

その3

デフレは低所得者層のボトムアップで簡単に解決できます

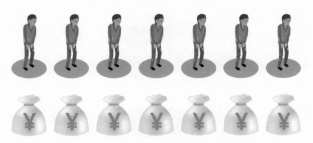

その4

低所得者に配ったお金は地域経済を良くします

GO TO TRAVEL

GO TO　EAT

GO TO　商店街

その5

低所得者にばらまくのが
1番コスパが良くなります

お金は下から上に吸い上げられるからです

その6

中小企業に賃上げする力はありません

政府がばらまいて会社員の収入を
アップさせればいいのです

その7

年金制度お前はすでに死んでいる

全額国債でまかなえば楽勝です

なぜ日本は
デフレを脱却できない
のでしょうか？

日本の経済政策が
30年遅れているからです

日本の経済政策は
30年遅れています

本書のタイトル、「日本経済
ポツンと一人負け」の、
「ポツンと」からは、どんな
イメージが思い浮かびますか？

日本だけ、
世界の潮流から
取り残されている
感じでしょうか？

そうなっている原因は
何か、想像できますか？

日本の常識は
世界の非常識で、
日本だけが世界と
違ったやり方を
しているとか？

まさにそうなんです。
日本だけが無借金経営を
目指しているんです。
このことを
どう思いますか？

世界はやっていないのに
日本だけが無借金経営を
目指しているのなら、
まずいですね…。
具体的には
どういうことですか？

財政健全化とか、
プライマリーバランスの
黒字化を目指すとか、
そういうことです

「財政健全化」というと
良いことのように
聞こえますが…

財政健全化とは
「借金をして投資する
ことをしない」
ということなんです。
これは良いことで
しょうか？

よくビジネス誌の特集で
「成長するならカネ借りろ！」とか
「借金経営のススメ」という
タイトルを見かけます。
今の時代は、借金してでも投資に
力を入れるべき時代かと…

その通り。
今は、**投資のために
借金を積極的にする時代**
になっています。
他国はそうしています

しかし日本は、
借金を嫌って
投資に消極的
なんですね？

だから日本の
GDPは大きくならず、
他国にGDPで
差をつけられています

それが、
日本の経済政策は
30年遅れている
ということですか…

その通りです。
日本経済を、
船にたとえてみましょう。
船員（一般国民）は
一生懸命働いています。
それでも船長（財務省
はじめ日本のリーダーたち）
のかじ取り（経済政策）が
悪ければ、船は次第に
沈んでいきます

30年前　　　　　**今**　　　　　**20年後**

国民が一生懸命働いても、
経済政策が悪ければ、
道づれで沈没ということ
ですね

がんばっても
デフレは脱却できません

それにしても
どうして日本の
経済政策は、30年も
遅れているんですか？

それは古い頭が
日本を支配している
からです

具体的には？

70歳以上の
老人たちですね

それを聞いただけで
なんだか絶望的な気分に
なってしまいます…

戦後、日本の実業界には
すごい人たちが現れて、
日本を先進国に導いて
きたのは、まぎれもない
事実です。
しかし彼らががんばった
結果として、
需給関係が逆転
していきました

がんばった結果として
需給関係が逆転？
抽象的で
よくわかりません

わからなくて当然です。
ここを理解するためには、
歴史を振り返る必要が
あります。
第2次世界大戦が
終わったのは何年ですか？

1945年です

このとき、需要と供給の関係は？

物資が足りていないので
需要＞供給　です

需要

供給

それから約80年が
たった今、需給関係は
どうなっていますか？

今はモノが
あふれているので、
需要＜供給　だと
思います

供給

需要

その通りです。
需給関係が
逆転しているとは、
つまりこういうこと
なのです

では、ここで質問です。
昭和初期生まれの人たちは、
下の左図を、右図のように
変えていきました。
こういう時代においては、
生産性を高めるとか、
自由に競争させるとかいった
政策は、効果が
あると思いますか？

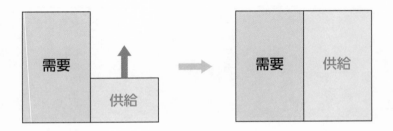

需要

供給

需要　供給

供給力を高める
政策ということ
だから、
効果があると
思います

正解です。
しかし今日のような
デフレを脱却するためには、
下の左図を、右図のように
しなければなりません。
このとき、生産性を上げるとか、
自由に競争させるといった
政策は有効でしょうか？

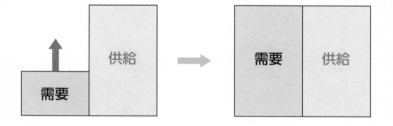

需要を増やさないと
いけないときに
供給を増やそうと
する政策は、逆効果
だと思います

その通りです。
たとえば限られたパイ
（需要）なのに、そこで
自由に競争させたら、
お互いにつぶし合いに
なってしまいます

⬇ **自由に競争**

**水揚げ
上がんないな**

互いにつぶし合いの世界を
生き残っていける人は
少ないですよね…

ほんのわずかです。
では、また質問。
需要を増やす政策として、
何が思い浮かべられ
ますか？

GO TO TRAVELや
GO TO EATなどです

そうですね。下のような
構図になります

政府がお金を
ばらまいて需要を増やす

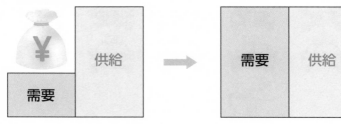

デフレは国民ががんばって
も解決しない。
解決できるのは、国の
ばらまきということか…

20年後の日本は
大変です

20年後、ロスジェネ世代
（1970年〜1984年頃生まれ）
が年金世代になります

貯蓄はないし、
年金も怪しいとなると、
老後が怖くなりますね…

今、年金問題、
年金問題と騒がれて
いるのは、じつは
国民年金の話なんです。
だから支給月額
5〜7万円の
話なんです

ってことは
年金があっても
なくても、焼け石に
水ってことですね

その通りです

それでは、最低限の
所得を保障する
ベーシックインカム
の制度の議論は
どうですか？

1人あたり月に7万円を
配るというあれですか？
7万円ぽっちでは
暮らしていけませんから
論外です

じゃあ、老後はどうすれば
いいんですか？

遠い昔、日本はこんな
解決法を取りました

……。事態の深刻さが
わかりました

この先、日本はどうすれば
いいのかを、真剣に
考えないといけません

良い方法はあるんですか？

問題の本質は、
日本という国において、
支出はどんどん大きく
なるのに収入が足りない
ということです

ということは、
収入をもっと増やせば
いいということになり
ますが、日本という
国が収入を増やすには
どうすれば？

国の場合は
GDPを大きくすれば
いいんです

そのためには
どうすれば
いいんですか？

あなたが読んだビジネス誌の
「借金経営のススメ」の記事
には、どのように書いて
ありましたか？

借金をして投資し、会社を
成長させれば、
従業員を増やすことができる
と書いてありました。
…そうか！
国も借金をして、
お金をばらまいて、
GDPを大きくすれば、
年金その他の社会保障の
財源が捻出できますね

すばらしい！
さえてますね。
のちほどくわしく
説明していきますが、
実際に日本以外の国では、
借金してお金をたくさん
ばらまくことで、
大きくGDPを
伸ばしています

ということは、
日本という国における
「借金経営のススメ」は、
机上の空論ではなく、
世界のGDPのデータに
基づいた、成功がほぼ確実な
方法ということですね？

その通りです

経理が実権を握っている
会社は衰退します

さて、日本で一番権力を
持っている省庁は
どこだと思いますか？

財務省と
言われていますね

日本国における財務省は、
民間企業における
どこの部署に当たりますか？

経理部だと思います

もし経理部長（＝財務省）が、社長（＝政府）より権力を持っていたら、どうなりますか？

 経理部の権力が強い会社は、借金を極力避けようとするでしょうね

その結果、どうなりますか？

 借金してでも新規事業に投資して、新しいチャレンジをしようというようなことができません

結果、現状維持か衰退です。
日本も同じで、GDPは20年以上
現状維持のままです

他国が年々GDPを大きくして
いるので、相対的には
衰退しているということ
ですよね？
日本は貧乏な国になって
しまったということですか？

いえいえ。
外国から見れば
金持ちです

日本は
お金持ちですね！

外国人

日本は
金ないねん

財務省ケチ男

外国に一番お金を貸している
日本は、外から見てリッチです

日本が貧乏になったと
感じるのは、どのような
理由からですか？

GDPも伸びていないし、
社会保障費を増やしたく
ても増やせないという
空気があるし…。
それで、日本は
貧乏なんだと思いました

では質問。
Aさんは、いろんな人に
合計3億円貸しています。
さて、Aさんは金持ちですか？
貧乏ですか？

金持ちに
決まっています

そうですよね。
日本は、海外から借りている
お金が600兆円ありますが、
海外に貸しているお金は900兆円
あります。差し引きすると、
日本は海外に300兆円も貸して
いるのです。
そうすると、海外から見て
日本は貧乏ですか？

お金持ちです

海外の国は、日本に
財政的な問題があると
思うでしょうか？

思わないですね。
健全財政な国に
見えると思います

海外から見て
財政健全なのに、
国民は不健全だと
思っている…

ということは、
財政が健全で
あることを国民に
悟られないために、
あえてこの情報を
メディアなどに
流さないということ？

そのように見ている
経済専門家も
少なからずいる
ようですよ

政府は赤字でも
日本は黒字です

さて、日本の
国の借金は、
今いくらあると
報道されていますか？

約1000兆円です

それ、問題ありますか？

エッ!?
1000兆円ですよ？
問題じゃないん
ですか？

では質問。
大学生のA子さんは
ホストに1000万円
貢ぎました。
これ、問題ですか？

そんな金額、
返せないでしょう。
大問題です

ではA子さんの親が、
元ZOZO社長の前澤友作
さんのような大金持ち
だったらどうでしょう？

大学生のA子さん

A子さんの父親（大金持ち）

A子さんだけなら
問題ですが…

大金持ちの親が
いるなら、まぁ、
大丈夫かと…

国の借金1000兆円にも、
同じことが言えます

借金の部分だけを見ていては
ダメということですか？

政府・企業・家計の３つを、
経済主体と言います。
その視点で見ると、
日本は、政府の借金
1000兆円に対して、民間
（企業・家計）の金融資産が
2000兆円もあります

借金1000兆円 | 民間の金融資産2000兆円

政府

企業

家計

借金1000兆円

政府

これだけ見ると
問題ですが

こう見ると
大丈夫そうですね

借金1000兆円	民間の金融資産2000兆円	
政府	企業	家計

このように
３つの経済主体
から見れば、
日本に財政的な
問題はありません

借金が多くて大変なんて
本音では思っていません

経済主体全体を見れば、
国の借金1000兆円は
たしかに問題ないように
思えます。
でもこのことと、国の借金
1000兆円をそのままに
していいということとは、
また別の問題ですよね?

別問題です。
しかし、ここであなたに
知っておいてもらいたいのは、
「日・米など先進国においては、
自国通貨建て国債の
デフォルト（債務不履行）は
考えられない」ということ
なんです

「国債がデフォルトしない」
ということは、
つまり、国債を発行する
ことで政府はいくらでも
借金できる、ということを
意味します。
ということは、
国の借金がいくらあっても
気にすることはない
ということです

ちょっと待ってください。
その考え方って、今話題の
「MMT（現代貨幣理論）」
ですよね？
でもこの理論って、
賛否両論があって、
まだ決着がついて
いないですよね？

「日・米など先進国の
自国通貨建て国債の
デフォルトは
考えられない」。
じつはこれ、財務省の
発言なんです

ガーン…ですね。
つまり財務省自身が、
いくら国債を発行しても
問題はないと言っていると
いうことですか…。
今まで、財務省は緊縮財政派
だと思っていましたよ

2002年のことですが、
アメリカの大手格付け
会社が、
「日本国債」の格付け
を引き下げました

このとき財務省は、
左ページの青字部分
のように主張して、
その格付け会社に
抗議したんです

2002年にこう主張した
ということは、
20年前から財務省は、
MMTの理論を認めて
いたということになる
わけですね？

そういうことに
なりますね。
次に、自民党が野党
に転落したときの
麻生太郎さんの
発言を紹介します。
こう言いました

「政府の借金が多いのが
問題だという人がいっぱいいるけど、
何が問題なんです？
借金が多ければそんなに大変ですか？」

国の借金なんて
1000兆円でも2000兆円
でもかまわないと。
そういうことですよね

今言ってることと
全然違いますね

続けて、
右ページ上の
ようなことを
言っています

「国はいよいよになって、
金がなくなったらどうすりゃいいか。
簡単ですよ。
刷ればいい。簡単だろ？」

どう思います？

1000兆円の借金が
大変だなんて、
全然思っていませんね。
1000兆円の借金が
問題なのかかどうか、
心配するだけアホらしく
なってきました…

そうなりますよね

国は借金を増やして
国力を高める

それでは国が、
今の借金1000兆円を
さらに増やし続ける
ことについては、
どう思いますか？

民間の金融資産があるとはいえ、
あまり増やしすぎるのは、
さすがにまずいんじゃ
ないでしょうか？

では質問。
A君のお父さんは、
A君が医者になりたい
というので、教育資金を
5000万円出しました

−5000万円 ＋5000万円

5000万円

A君の父親　　　　　　　　　A君

A君は無事に医者に
なることができました。
さて、この話はこれで
終わりでしょうか？
A君のお父さんは、
A君に5000万円
出したので、5000万円を
失うことになった。
それでこの話は終わりで
しょうか？

いいえ。それだけでは
終わらないです。
なぜならお父さんが
出した5000万円は、
お金としては
消えましたが、
「医者になったA君」
という風に、形を
変えて残っていくから
です

－5000万円　　　　　＋5000万円

お金は消えたが…　　　「医者になったA君」
　　　　　　　　　　が残った！

そうですよね。
国の借金の
見方も同様です。
下の図のように、
国債を発行して
1000億円の借金をして、
高速道路を整備したとし
ましょう

国の借金1000億円　　　　　　　　　　　**高速道路**

このとき国の借金額は
増えますが、その分、
国力＝供給力が
上がることになります

ここで最初の質問に
戻りましょう。
あなたは、国が今の借金
1000兆円をさらに
増やし続けることを
どう思いますか？

それで、国力＝供給力が
上がるのなら、どんどん
やるべきかもしれません

「国の借金が増えるほど、
円の信用がなくなる」
と主張する経済学者も
見受けられますが、
本当にそうでしょうか？

仮に、国の借金が
０円だったとしましょう。
このとき超巨大な地震が
起きて、日本全土が
壊滅状態になったら…

円の信用はどうなりますか？
円高になりますか？
円安になりますか？

円は紙くず同然、
超円安になります

どうして
そうなると思いますか？

日本の国力＝供給力が、
ゼロになるからです

借金額なんかより、
国力＝供給力のほうが
重要だということが
わかって
もらえましたか？

「国の借金を増やすな」
という人に対しては、
「それで日本の国力が落ちても
いいんですか？」
と反論することができる
ということですね

その通りです。
いざというとき
（近未来に予想される
食糧危機など）には、
その国が評価されるのは、
借金の大きさの部分では
ありません

評価されるのは、
国内にどれだけ
供給できる力が
あるか、ですね

ばらまいた結果、
たしかに国の借金は
増えます。しかし
もっと重要なのは、
国内の供給力、国力を
大きくしていくこと
なのです

お金をばらまかない→
供給力＝国力が落ちる→
円の信用が損なわれる。
これが、最悪の
シナリオということ
ですね

その通りです。
国の借金の大きさを
検討するとき、
借金には見返りが
あるということが
忘れられています

借金した分、
得られるものの大きさ。
そこが大事なポイント
ということですね

20年後、日本は
アジアの最貧国に

新型コロナのときの特別定額給付金も、10万円が1回だけ。
これでは日本は良くならないだろうと直観的に思いますが、
将来、日本は、アジアの最貧国になってしまうのでしょうか…？

下のグラフの通り、日本は30年間、賃金が横ばいです

主要国の平均賃金（年収）の推移 (OECD調べ)

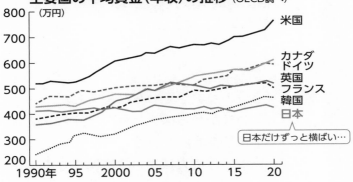

米国
カナダ
ドイツ
英国
フランス
韓国
日本

日本だけずっと横ばい…

800 (万円)
700
600
500
400
300
200
1990年 95 2000 05 10 15 20

これまでと同じやり方を続けて
いたら、20年後も30年後も賃金は
変わらないかもしれないですね…

今の深刻なデフレは
どうなると思いますか？

このまま続くのでは
ないでしょうか？

日本が良くて
現状維持だとして、
他国が経済成長を続けたら
どうなりますか？

自分の点数が変わらなくても、
まわりががんばったら、自分の成績は
下がります。ということは、
日本の経済力は相対的に低下します

その通りです。そして以下が
日本のGDP（1人当たり）の
世界ランキングの推移です

日本の名目GDP（1人当たり）の世界ランキング推移

（IMF統計より）

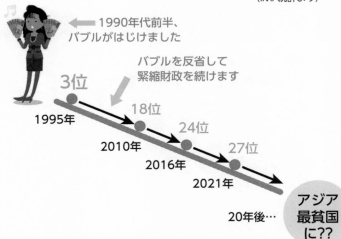

← 1990年代前半、
バブルがはじけました

バブルを反省して
緊縮財政を続けます

3位
1995年

18位
2010年

24位
2016年

27位
2021年

20年後…

アジア
最貧国
に??

ガーンですね。
将来、日本はもっと貧しく
なりそうです。
どういう状態に
なってしまうのでしょうか…

東京タワーが
他国のものになる状態です

日本が貧乏になると
どうなるか。
あくまで仮の話ですが、
イメージとしては、
東京タワーが外国企業の
ものになるという状態です

冗談ですよね？

いえ、これに似たことを
過去に日本が
やっていますから
あり得ます。
歴史は繰り返すものです

それはいつのことですか？

30年以上前のことなので
若い方はご存じないと思いますが、
1980年代後半から1991年にかけて、
日本には**バブル**と呼ばれる好景気の
時期がありました。
この時期、日本人は国内の不動産を
買いあさるだけでは飽き足らず、
ハワイに別荘を持っても飽き足らず、
特撮映画『**キングコング**』で有名な、
ニューヨークのエンパイア・ステート・
ビルまで買ったんです

ということは、東京タワーが
他国の企業のものになるという
可能性もありますね

経済力が世界に比べて
相対的に弱くなるということは、
日本の土地・会社・建物などが
外資の手に渡りやすくなるという
ことです。そして、
それはすでに始まっています

国の借金が増えると
大変だということより、
こちらのほうが
よっぽど問題に
思えます…

残念ながら、このことに
気がついている人が少ない
のが現状です。トホホ…

日本が貧しくなると インバウンドが盛んになります

さて、外国人が
日本を訪れる旅行を、
インバウンドと言いますよね？
そして一時期、それを政府は
積極的に推し進めました。
この政策をどう思いましたか？

爆買いなどしてくれて、
良いことだという感じが
しましたけど…

そうですか…。
これからバブルの頃の話を
しますから、それを聞いてから再度
考えてみてください。
日本がバブルと言われる好景気の
とき、世界中の観光地のどこに
行っても日本人だらけでした。
せっかく外国に旅行に来たのに、
日本人ばかりで、外国に来た気が
しない。そんな話も聞かれました。
つまりこの頃は、
インバウンドでなく
アウトバウンドが盛んでした。
近ごろの中国のような状態でした

日本人が海外で爆買いする
イメージですね？

ここまでの私の話を聞いて、
インバウンドを推し進めよう
という政策をどう思いますか？

インバウンドが盛んである
ということは、裏返すと、
相対的に日本が貧しく
なっているということ
ですから、
手放しで良い政策とは
思えなくなりました

そうなんです。
インバウンドは、
日本が他国より貧しくなっている
ということなんです。
相対的に日本が豊かになれば、
インバウンド頼みの商売をする
ような状態にはならないと
思います

爆買いを喜んでいる場合では
ないということですね…

日本が貧しくなったのは、政府のばらまきが足りなかったからです

日本が相対的に貧しくなったので、
日本の土地、会社、建物などを
他国の人が買いあさっていること、
インバウンドで海外から旅行者が
押し寄せたこと、
そしてバブルの頃の日本人は、
これと同じようなことをやっていた
ということは理解できました。
しかし、どうして日本は、
金持ち国から貧乏国に
落ちぶれたんですか？

逆に質問。
あなたはその原因を
なんだと思いますか？
正答率15%です

政治家はよく、国民の自己責任だと
言いますよね。
あるいは、中小企業の生産性が
低いからだと言っている
経済学者もいます。
日本人には競争力が足りないのだと
言う経済学者もいます

結論からいうと、
どれも不正解です。
以下の２つのグラフを
見てください

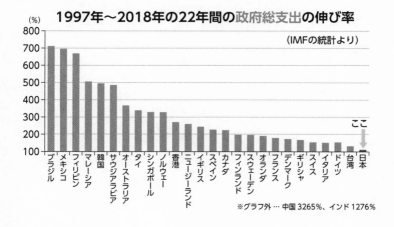

1997年〜2018年の22年間の政府総支出の伸び率

(%)

(IMFの統計より)

ここ

ブラジル メキシコ フィリピン マレーシア 韓国 サウジアラビア オーストラリア タイ シンガポール ノルウェー 香港 ニュージーランド スペイン イギリス カナダ フィンランド スウェーデン オランダ フランス デンマーク ギリシャ スイス イタリア ドイツ 台湾 日本

※グラフ外 … 中国 3265%、インド 1276%

1997年～2018年の22年間の名目GDPの伸び率

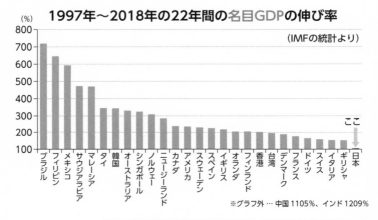

（IMFの統計より）

※グラフ外 … 中国1105%、インド1209%

１つ目のグラフでは、日本は他国に比べて「政府総支出」の伸び率がとても小さいのがわかります。
２つ目のグラフでは、日本の「名目GDP」がほとんど伸びていないことがわかります。ここに、貧しくなった原因があるということですね？

政府の総支出が小さいということはばらまきが少ないということです。ばらまかないからGDPも伸びず、貧しくなったということなんです。だから、日本が貧しくなったのは、政府に責任があります

貧しい日本に 軍事的脅威はありません

さて、さらに質問です。
日本は軍事的脅威に
さらされていると思いますか？
さらされていないと思いますか？

中国が…とか、北朝鮮が…とか、
日本人は平和ボケで…とか、
そんな話を聞くと脅威があるの
ではないかと思いますが

私もそう思っていましたが、
どうもお金持ちの考えは
そうじゃないみたいです。
知り合いのお金持ちは、
次のような考えを
持っているようです

「アマゾンやアップルをはじめ、
いろんな国のさまざまな企業が、
日本で商売しています。
外国企業にとって、
日本はおいしいマーケットなんです。
そんな国にミサイルをぶち込んで、
おいしいしのぎをなくすような
マネをするわけないですよ」。
こういう意見です。
これを聞いてどう思いますか?

外国人の身になって考えれば
たしかにそうかも…

それから今、
世界中の金持ちが
日本のタワーマンションを
買いあさっています

北海道の不動産も
こんなに買われています

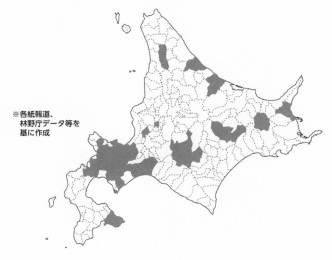

※各紙報道、
　林野庁データ等を
　基に作成

外国の人たちは、
日本をマーケットに
商売しているだけではなく、
日本にたくさんの不動産を
持っているということですね

その通りです。
だから日本にミサイルを
ぶち込んで、
自分の財産を自分で破壊する
なんてことはしません

それに日本はこれから
どんどん落ち目に
なっていきそうだし、
外国人にとっても
軍事的脅威がある国とは
言えませんね

ばらまかないと地域経済が壊滅します GO TO TRAVELでわかります

ここまでで、日本の不動産や会社
などが他国によって多く買われて
いるので、日本は、軍事的な脅威に
さらされているとは言えない
という話をしました。
ここからは、日本の不動産や会社が、
他国の手に渡るまでの流れについて
説明しましょう。
その流れは、「国がばらまかないので
地域経済が疲弊していく」という
ところから始まります。
イメージできますか？

漠然としていて、
なんだかよくわかりません

今回の新型コロナで特に地方経済は
大打撃を受けました。
その対策として、GO TO TRAVELや
GO TO EATやGO TO 商店街などが
考えられました。
もし、このようなばらまき政策を
していなかったらどうなっていたか。
おそらく地域経済はもっとひどい
ことになって、ほぼ壊滅状態に
なっていたと思います

ちょっと待ってください。
そもそも、今回のGO TO
TRAVELやGO TO EAT って、
ばらまきなんですか？

どうしてそのように
思うのですか？

だって単なるばらまきとは
違う気がします。
地方の経済は観光業や飲食業によって
回っていて、それが新型コロナで
どうしようもなくなって、だから今回
の政策は、地方の首長さんの強い要望
もあってのことと聞きました

それでは質問。
世間では、どうしてばらまきは
いけないことだと言われて
いるのでしょうか？

国の借金が増えるから
じゃないですか？

GO TO TRAVELや
GO TO EATも
国の借金を増やしますよ？
だからばらまきなんです

国の借金が増えたとしても、
もしあのとき
GO TO TRAVELやGO TO EATの
お金をケチっていたら、地方の旅館
や商店がつぶれ、連鎖的に農業や
漁業も疲弊し、地方経済はそれこそ
壊滅していたと思います

そうなりますよね。
国がばらまかない
→地方経済が壊滅
→地方の不動産などが
　売りに出される。
こういう流れになります。
そして不動産などが
外資の手に渡る。
だから他国の手に渡る流れは、
国がばらまかないので
地方経済が崩壊するところから
始まるというわけです

これまでの話を総合すると
こういうことですか？

国がばらまきを ケチる	→	国の借金の 増加を抑制

↓

・国民が貧困化
・インバウンドが増加
・日本の不動産や会社が外資の手に渡る

そういうことです

ばらまきをケチることは、
国民にとって
何のメリットもありませんね…

むしろデメリットだらけです。
次からは、ばらまきの正体に
ついてお話しします

ばらまきは良いことなんです
有効需要の創出ですから

結局、ばらまきは
良いことなんですか？
悪いことなんですか？

ここまでの話から
どう思いますか？

ばらまかないと地方の経済は
崩壊するし、それによって
日本の不動産などが
外資の手に渡りますから、
それを阻止するためにも、
ばらまきは必要なのかもしれません

国の借金は1000兆円以上。
未来の子どもたちにツケを
残してもいいんですか？

ばらまくツケが国の借金なら、
ばらまかないツケは、低賃金や
倒産、そして日本の不動産などが
外資の手に渡っていくことです。
それならば、ばらまくツケのほうが
ましだと思います

すばらしいですね。
物事は多面的に
見なければダメですね。
いい面も悪い面も、
いろんな角度から見て
考えるべきです

どちらのツケがましかについては、
本書の「パート2」以降で
再度考えていくことにして、
ここではそもそも
「ばらまきとは何か？」
ということを考えてみようと
思います。
じつはみなさんも、高校の世界史で
学んでいるはずです

そんなこと、学んだ
覚えはありませんけど…

では質問します。
1929年10月24日、アメリカの
株式市場で株価が大暴落し、
アメリカは一気に不景気に
なりました。
これは、なんと言いますか？
またこのときにアメリカで
取られた政策はなんですか？

大恐慌です。
ニューディール政策が取られました

正解です。
「ばらまきとは何か？」の答えは、
ニューディール政策の中身を
見ればわかります。
ニューディール政策では、
国債発行で調達した資金を、
公共事業や社会保障などに
投入しました。
いわゆる政府支出を
大盤振る舞いすることで、
ケインズ経済学でいうところの
有効需要の創出をしました。
これと、GO TO TRAVELを
比較してみましょう。
次のページの
表を見てください

	ニューディール政策	GO TO TRAVEL
財源	国債発行 （政府の借金）	国債発行 （政府の借金）
用途	公共事業や社会保障など 政府支出	政府支出
効果	有効需要の創出	ばらまき

要するに
ばらまきとは、
ニューディール政策
でいうところの
有効需要の創出
なんです

だったらどうして
「有効需要の創出」
と言わないで、
「ばらまき」
と言うんですか？

日本の政府の得意な、印象操作だと
思います。
たとえば今回の東京オリンピックでは、
２兆円とも３兆円ともいわれる
赤字が出ましたが、
これを「税金で穴埋めする」と言えば、
多くの国民が怒ります。
だから「公的資金を投入する」と
言い換えていますよね

「税金の投入」と、
「公的資金の投入」では、
印象がまるで違います

政府のこういう悪質な
印象操作に踊らさている
うちに、国民はどんどん
貧しくなっていくのです

需要は常にある
ないのは有効需要だ

もう一度。質問します。
ばらまきは良いことですか？
悪いことですか？

「ばらまき」とは言わずに
「有効需要の創出は良いことですか？
悪いことですか？」と聞かれたら、
日本人のほとんどが「良いこと」と
答えるのではないでしょうか？

そうですよね。
なのに日本人には
「ばらまきは悪」という考えが
染み付いています。
ところで、「需要」と「有効需要」
の違いはわかりますか？

エッ！　何か違うんですか？

違います。
でも、この違いを認識している
人は少ないと思います。
大切なことなので、
ゆっくり説明しますね。
あなたは今、あるブランド物の
バッグがすごくほしいとします。
このときのあなたの
「ほしいという気持ち」は、
「需要」と「有効需要」
どちらでしょう？

ほしいという気持ち？
う〜ん、ヤマ勘で「需要」
だと思います

正解です。
「需要」とは、「そうしたいという気持ち」だけで、経済活動とは関係がありません。
それでは「需要」が有効になるためには、何が必要ですか？

お金ですよね？

その通り。
図にすると以下のようになります

ほしい！

けど金がない…

ブランド物のバッグ

ほしい！

金もある！

単なる需要

有効需要

今の話から考えると、経済活動において「需要と供給」と言うのは不正確で、正しくは「有効需要と供給」と言うべきですね

鋭いですね。
その通りです。
お金があればこうしたい、
ああしたい、
そういう気持ちは
多くの人が持っています。
ところがお金がないので、
「有効需要」にならない
というわけです

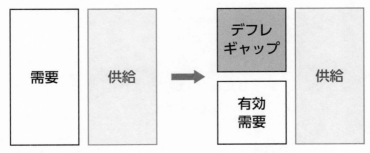

気持ち的には…　　　　　　お金がないので…

ご存じの通り、日本では
30年余り、デフレ不況が続いて
います。
そしてそのデフレの原因には、
前ページの下図のような
「デフレギャップ」があるのです。
つまり、供給はあるのに有効需要が
足りていない状態です。
では質問。
デフレギャップを解消する
ためには、
どうすればいいですか？

「需要」を「有効需要」に
変えればいいと思います

そのためにはどうすれば
いいと思いますか？

やりたいことや、
ほしいものはあるけど、
お金がないので
あきらめている方たちに
お金をばらまいて、
この方たちの
「需要」（ほしい気持ち）を、
「有効需要」に変えます。
こうすることで
デフレギャップを
解消することが
できると思います

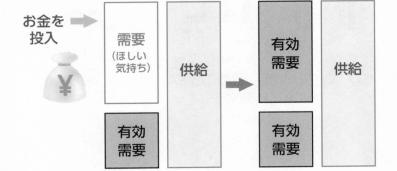

正解です。
新型コロナのまん延によって
地方経済がとくに疲弊したとき、
国は、GO TO TRAVELや
GO TO EATやGO TO 商店街の
ような政策を取りました。
これこそ「需要」を「有効需要」
に変える政策だったのです

旅行したい
外食したい
買い物したい

需要

+

GO TO TRAVEL　　GO TO EAT
GO TO 商店街

+

お金

↓

旅行できる
外食できる
買い物できる

↓

有効需要

ということは、
財務省も国（政府）も、
デフレ不況を脱却するためには
ばらまきで「需要」を「有効需要」
に変えることが効果的である
ということを認識しているんですね

その通りです

それなら普段から
もっと積極的にばらまけば
いいのに、ばらまかないのは
なぜですか？

お友達にはばらまいても、
一般庶民には
ばらまきたくないのだと
思います

ばらまきたくなくっても
ばらまかないと、
デフレは解決しないじゃ
ないですか

解決できません。
政治家もじつは、
デフレを脱却するには
ばらまかないと
解決できないと内心
わかっているけど、
それが言えない。
そういう政治家たちは、
どのように振る舞って
いますか？

責任をごまかしたり、
誰かのせいにしたりしています

それとやったふりですね

やったふり？
たとえばどんなのが
ありますか？

たとえば、従業員の賃金を
上げた企業は
税金をおまけします、
というような政策です。
この政策を
どう思いますか？

賃上げなんて、現実的には
大企業にしかできませんね

それで「有効需要」は
増えるでしょうか？

大企業の従業員は
もともと給料が高いので、
彼らの「需要」は、すでに
ほとんど「有効需要」に
なっているはずです。
すなわち新たな有効需要は
生まれないので、
デフレ脱却には効果薄だと
思います

私も同感です。
ここ20〜30年の
日本の経済政策は、
最善の策である
ばらまきをしないで、
「ばらまきをせずに
なんとかならないか」と
考えて、効果薄の政策
ばかり行ってきました。
当然、失敗の連続です

でも、
よくそんなことが
続けられましたね？

ばらまきたくないために、
国には財源（お金）はないと
国民に思い込ませてきたのでは
ないかという
識者の先生もいますね。
いずれにしろ、このままでは
日本はアジアの最貧国に
向かってまっしぐらです。
そうならないために、
日本の経済政策はこれまで
どこがまずかったのかを検証して、
その上でこれからどうすればいいか
ということを
次から考えていきましょう。

どうして
国民は不安になって
しまったのでしょう？

国に大きな借金があると勘違いして、
じつはたいしたことない借金を
減らそうとしているからです！

その1

国の借金
1000兆円を
重いと勘違いしました

調べてみると
じつは軽かったです

まずは疑ってみましょう

国の借金1000兆円は
重くないと言いますが、
とはいえ、いつかは
返さなきゃいけない
わけですよね？

どうして
そう思うんですか？

多くの国民が、国の
借金が1000兆円も
あるので、
これ以上借金を
増やしたら
将来にツケを残して
大変だと
思っていますよ？

ザ

その考えは
どこからきて
いますか？

政治家や財務省、
緊縮財政派の
経済学者などからの
情報です

今の政治家を
あなたは
信頼できますか？

国会を見ていると、
嘘や言い訳が目立ち
ますね…

では、官僚は
信頼できますか？

公文書を
書き換えたりする
国ですから、
怪しいですよね…

では、緊縮財政派の
経済学者は
信頼できますか？

御用学者が
交じっているかも
しれません…

こう考えてみると、
その人たちが
訴えているように、
国の借金1000兆円が
本当に大変なのかどうかは
怪しいですよね？

まあたしかに
疑ってみることは
大切ですね

こういう人たちはみんな、
個人としてはいい人
なのかもしれません。
嘘をつくとしたら、組織を
守るためなのでしょう。
私は、**個人は性善説、**
組織は性悪説で世の中を
見るようにしています

国には本当に1000兆円の 借金があるのでしょうか?

さて、国の借金が1000兆円も あるということですが、 そもそもこれ、 本当なのでしょうか?

 エッ!? 本当じゃないんですか?

ではお聞きしますが、 そもそも国は、 どこからお金を 借りていますか?

 ……???

1000兆円借りていて
大変だと言いながら、
借金返済の催促を
受けたという話は
聞きませんよね？

たしかに不思議ですね。
なぜ借金を返せと
言われないんですか？

考えられるのは、
国の借金1000兆円は
じつは借金でないか、
あるいは国には無尽蔵に
借りても大丈夫なしくみが
あるということです。
このあたりは追って
説明しますから、
まずは国に1000兆円の
借金があるものとして、
いろんな角度から
考えていきましょう

国の借金は1000兆円でも
民間の金融資産が2000兆円

「パート1」の内容と
かぶりますが、経済の
知識として重要なので、
復習を兼ねて質問します。
経済主体とはなんですか？

政府、企業、家計です

正解です。
国の経済を考える
場合、この3つの
構成要素を考える
必要があります

政府の会計だけ見ていても
仕方がないということ
ですね？

その通りです。
私たちの経済は、
政府・企業・家計の
３つの経済主体で
構成されています。
さらに、この３者の間で
人・物・金・サービスが
回ることを、
経済循環と言います

要するに、政府の借金が
1000兆円というところ
ばかりを見ないで、残り2つを
含めて検討することが大切だと
いうことですね

その通りです。
前にもお話しした通り、
3つの経済主体のうち、
企業と家計の金融資産は
2000兆円以上あります。
政府の借金1000兆円でも、
経済主体全体として見れば…

	民間	
政 府	**企 業**	**家 計**
1000兆円の借金	2000兆円以上の金融資産	

ノープロブレムですね

国の借金1000兆円も
中身を見れば、ないも同然

さらに質問です。
借金って金額だけが
問題ですか？

金額ももちろん問題ですが、
どこから借りているかも
問題だと思います

具体的に言って
もらえますか？

借金は、親が一番安全、
次が銀行、
リボ払いは危ない、
街金は怖いです…

それから、金融資産を１億円持っている人が銀行から3000万円を借りるのと、頭金なしでマンションの購入資金3000万円を銀行から借りる人では、心配の度合いが違ってきます

 3000万円　　　　3000万円

ドキドキ…

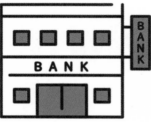

余裕！

資産１億円

要するに国の借金1000兆円についても、金額だけを問題にするのではなく、貸借の中身を精査してみないとなんともいえないということですね

その通りです。
これからそういう視点で、国の借金
1000兆円を見ていきましょう。
このときキーポイントとなるのが、
政府と日銀の関係です

何か特別な関係が
あるんですか？

あるんです。
これも知らない人が
7割以上だと思いますが、
じつは政府と日銀は
親子の関係なんです。
次のページの
図を見てください

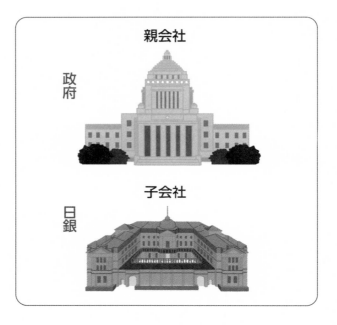

親会社

政府

子会社

日銀

政府と日銀は、事実上
このような関係に
なっています。
さて、ここでまた質問です。
借金してしまうと
何が大変でしょう?
街金からお金を
借りたときのことを
イメージしてください

利息の支払いです

そうですよね。
それでは政府の借金を
考えてみましょう。
借金1000兆円の内訳は、
日銀からが約500兆円、
民間金融機関からが約500兆円
となっています。ところが
日銀からの借金500兆円については、
日銀が、政府の子会社の
ようなものなので、
金利負担が生じません

ということは、残るのは
民間金融機関からの借金
500兆円の利払いだけ
ですね

ところが政府は
ちゃっかり600兆円の
金融資産を持っていて、
これが金利を
稼いでくれます

要するに
民間金融機関への
利払いは、
政府の金融資産が稼いだ
金利を
回せば済むという
ことですね

その通りです。
まとめると
次ページの図の
ようになります

国の見せかけの
借金 1000 兆円

日銀分 500兆円	民間銀行分 500兆円

金利負担 0円　　　　　利息 ↑ 払う

金利 ↑ 稼ぐ

政府金融資産
600兆円

こうして見てみると、
国の借金1000兆円は
重たいでしょうか？

空気のように
軽いです

一番シビアな人たちが日本の借金は問題ないと思っています

上の「一番シビアな人」とは、だれのことですか?

債券市場で、日本の国債を売買する人たちです

つまり金融の専門家、金融のプロですね

その通りです。
ここで質問です。
政情が不安定な国の国債の
金利は、高くなるでしょうか?
安くなるでしょうか?

高くなると思います。
リスク大の国ですから、
よほど金利が高くないと、
国債を買おうとは思いません

下のグラフの点線は、日本の
長期国債の金利の推移です。
国の借金（政府債務残高）が
1000兆円を超えても、国債の
金利が安いということは…？

政府債務残高 及び 長期国債金利の推移

(兆円)　　　　　　　　　　　　　　　　　　　　　　　　　(%)

凡例：
―――― 政府債務残高（左目盛）
‥‥‥‥‥ 長朋国債金利（右目盛）

データ出所／財務省、日本銀行及び内閣府

117

1000兆円の政府の借金は、
日本にとってたいした
マイナス要素にはならない
ということです

少なくとも金融のプロは
そう判断しています

では私たち国民は、
借金が多すぎると
だまされていると
いうことですか？

最初から
だますつもりは
なかったと思います

政府は最初は、
こう考えたと思います。
「国債を発行しすぎて
国の借金が増えると、
国債の信用が落ちて
金利が爆上がりし、
日本はハイパーインフレに
なるかもしれない」

ところが国債を発行しても
金利は爆上げするどころか、
下がっていった。
予想が外れたわけですね。
どうして、
今までのやり方が
間違っていたことを認めて、
政策変更を
しないんですかね？

今さら、これまでの政策が
間違っていたとは
認められなくて、
変更を先延ばしして
いるんでしょうね。
いずれにしろ、
国の借金1000兆円は
風船のように軽い。
これはおわかり
いただけましたか？

はい。それがわかって
少し気が楽になりました

国民1人当たり900万円の借金があると勘違いしました

[じつは国民1人当たり
借金は0円でした]

900万円   0円

国が借りてる　国民が貸してる
これが真実です

メディアなどでよく、
国民1人当たり
900万円の借金がある
と報じられますが、
どう思いますか？

国の借金が1000兆円、
それを1億2000万人で
割ると、そんな感じに
なるのかなと思っています

その計算は
間違いありませんが、
そもそも国の借金は、
国民の借金
なんでしょうか？

エッ！　違うんですか？

明確に違います。
改めて言うことでも
ありませんが、
帳簿には、借り方と
貸し方がありますよね？

借り方と貸し方があります

ということは、
1000円借りている人が
いれば、
必ず1000円貸している人が
いないと
おかしいことになります

123

1000円借りた　　1000円貸した

借り方

貸し方

帳簿というのは、
左と右の金額が
必ずそろうことに
なっているので
当然ですね

国債発行により
できた国の借金に
ついても、
同様のことが
言えます

国が1000兆円
借りているのであれば、
1000兆円貸している
だれかがいる
ということですね

国の借金1000兆円

貸しているのは
だれか？

その通りです。
前に話しましたが、
国は、だれから
借りていましたか？

日銀から500兆円、
民間金融機関から
500兆円です

そうですね。
日銀と民間金融機関が、それぞれ
500兆円ずつ、国に貸しています。
それでは民間金融機関の貸した
500兆円が、国民が預けたお金から
出ているとするとどうなりますか？

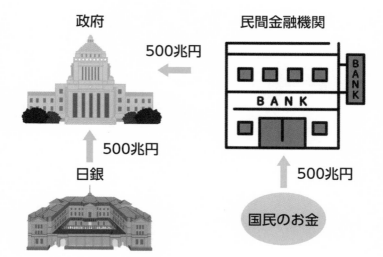

政府　　　　　　　　民間金融機関

500兆円

500兆円

日銀

500兆円

国民のお金

そうか！
国民が預金などから国に
お金を貸しているとすれば、
国民は貸し方ですから、
国民1人当たり借金は0円
ということですね！

その通りです。
たとえば奨学金は
借金ですよね？
払わないと
どうなりますか？

催促してきます

ですよね。しかし、
国債発行による国の借金は、
国民の借金というわけでは
ないので、催促がこない
というわけです

他国はGDPが伸びているのに日本は伸びません

国が借金を
減らそうとしたからです

GDP
Down

GDP
Up

日本

他国

企業の価値は時価総額
国の価値はGDPで測ります

「パート1」で、
政府総支出（国の借金）を
増やしている国ほど、
名目GDPが増えていることが
わかりました。
なぜ日本は、
借金を増やすまいと
ケチっているのですか？

日本の政策が間違いなのか
どうかは、じつは、株式会社を
参考にすればわかります

エッ！　どういうことですか？

日本を会社にたとえて
「日本株式会社」と言われる
ように、会社の経営と、
国の経営とは似ています

いまいちピンと
きません

では質問です。
会社の価値は
何で測りますか？

通常は、
時価総額だと
思います。
下のような式で
計算されます

時価総額＝時価×発行済み株式数

その通りです。
では、国の価値
（＝国の経済力）
は何で測りますか？

一般的には
GDPで測られると
思いますが…。
違いますか？

その通りです。
そしてここで
ポイントなのが、
企業が時価総額を
増やすやり方と、
国がGDPを
増やすやり方は、
じつは似ている
ということなのです

それで、会社の経営と
国の経営は似ていると
言ったんですね!
では具体的に、
そのポイントについて
説明してくれますか?

企業は、借金をして、
そのお金で投資をして
成長することで、
時価総額を増やしますよね?
では国は?

国は、国債を発行して
借金をして、そのお金で
投資をして成長することで、
GDPを増やす
ということですね?

その通りです!

借金の大きさは見ません
GDPの大きさを見ます

積極財政で有名な、
ソフトバンクを例に
考えてみましょう。
ソフトバンクグループ
の社長はだれですか？

孫正義さんです

これは一般常識ですよね。
じつは
ソフトバンクグループは、
2020年3月期には、
有利子負債が約5兆円
ありました

さて、ここで質問です。
この有利子負債5兆円は
多すぎると見ますか？
そうでもないと見ますか？
この負債額を見て、
ソフトバンクはやばいと
いうような経済評論家も
いました。
あなたはどう思いますか？

どうなんでしょう…。
よくわかりません

右ページ上の「東証 時価総額上位
会社」の表を見てください。
ソフトバンクグループは
2020年末、時価総額でトヨタに
次いで2位でした。
この情報をふまえると？

東証 時価総額上位会社 (2020年末のデータ)

1位	2位	3位
トヨタ自動車 **26兆円**	ソフトバンクG **16.8兆円**	キーエンス **14.1兆円**

　5兆円の有利子負債は、
16.8兆円の時価総額に
織り込み済みということですね。
時価総額がこんなに大きいわけ
ですから、5兆円の借金は
気にする必要はないと思います

その通りです。
国の借金とGDPの
関係も同様で、
大事なのはGDPの
金額の大きさなのです

まとめると、こういう
仕組みになります

	手段			目標（成果）
企業	借金	→ 投資 →		時価総額を 大きくする
国	借金	→ 投資 →		GDPを 大きくする

借金をするという「手段」の
ほうを見るより、
GDPをより大きくするには？
という「目標（成果）」のほうを
見るべきなのですね

他国も、日本の
借金の額なんか
にそんなに注目
していません

私もそう思います。
でも政府や財務省は
どうして問題だと
考えるんですか？

これは私の想像ですが、
昔と今では、
借金の意味が変わって
きていることに
気がついてないのだと
思います

オールドスタイルの経営者はこう考えます

借金は資金繰りのために
仕方なくするもの。
できれば避けたいものだ

今日の経営者はこう考えます

借金してその資金で、
いい会社やいい技術を
取り入れ、成長したい。
成長のスピードを上げるために、
投資目的で借金するのは問題ない

政府や財務省は、
オールドスタイルの
経営者のような考え方と
いうことですね。
要するに少しボケているん
ですか？

ボケているかどうかは
わかりませんが、
まとめると、
次ページの図のように
整理できます

国が借金を 増やして ばらまく	国の借金の 増加を 抑制する
↓	↓
GDPを大きくする	?
↓	↓
デフレ脱却	デフレ脱却

これが
世界の
常識

これが
日本の
幻想

 日本は世界と逆のことを
やっているんですね。
やっぱり日本の政策は
おかしいですね

おかしいですよね

その4

国の財政を
健全化しても
景気は悪いままです

［ 財政支出をしないから
景気が悪くなるのです ］

公共事業 Down

社会保障 Down

消費税 Up

GDPは大きく
ならなかった…

GDP ➡ GDP

昔　　　　今

健全化を目指して
不健全？

上で「健全を目指して不健全？」
とありますが、
ちょっと意味がよくわかりません

国家会計の
プライマリーバランスの
黒字化を目指していたら、
GDPが大きくならなかった
ということです

？？？　もっと説明要です

じつはここが、今の日本経済を
考える上での肝になります。
何事も基礎が大事。
まずは「プライマリーバランス」
から説明しましょう

プライマリーバランスは
「入り」と「出」のバランス

プライマリーバランスとは、
国家会計における、
税金その他の「入り」と、
社会保障費や地方交付金
その他の「出」の
バランスのことです

プライマリーバランスが
赤字の状態とは…？

出	入
社会保障費 地方交付金 その他	税金 その他
	不足

左ページの下図の
状態です。
「入」の不足分は
どうしたら
いいでしょうか？

国債発行で穴埋め
すればいいと思います

すると下図のように
なりますよね

出	入
社会保障費 地方交付金 その他	税金 その他
	国債

しかし政府の目指す
プライマリーバランスの
黒字化とは、
国債の発行をしないで
なんとかすることです。
そのためにはどうすれば
いいですか？

「入り」を増やして
「出」を減らすしか
ありません

つまり歳出削減と
増税ですね

出	入
社会保障費 地方交付金 その他	税金 その他
	増やす
減らす	

そろえる

144

GDPは粗利の合計です

プライマリーバランスが
わかったところで、
今度はGDPです。
そもそもGDPって何ですか？

GDPとは
国内総生産
のことです

それはどういうこと
を表していますか？

1年間に国内で
新たに生み出された
モノやサービスの
付加価値が、
その年のGDPです

正解ですが、
もっとわかりやすく
考えるために、
付加価値＝粗利（あらり）と
言い換えてみましょう

言い換えると、
その年のGDPは、
1年間に国内で
新たに生み出された
粗利の合計という
ことでしょうか？

その通りです。
ここで注意してほしいのは
"国内で"というところです。
海外で生産したモノや
サービスは、GDPには
含まれません

ここで質問。
東京オリンピックの
ボランティアの
サービスは、GDPに
含まれるでしょうか？

？？？

貨幣経済の外にあるもの、
すなわちお金が絡まない
モノやサービスはGDPに
含まれないので、
ボランティアのサービスは
GDPには含まれません

**ボランティアは
GDPに含まれません**

**パソナが入ると
GDPに含まれます**

粗利が少ないと
賃金が上がりません

粗利とは、
下図のような
利益のことです

商品　　　　　　　　材料

 －  ＝**粗利**

売上高　　　　　　**売上原価**

粗利は、売上高から売上原価を
引いた儲けです。
つまり、売上高－売上原価＝粗利
です

ここで質問。
人件費やオフィス賃料、
光熱費や通信費、
こういう経費を
なんと言いますか？

販売管理費、略して
販管費です

正解です。
そしてさきほどの
粗利から、販管費を引くと、
営業利益になります

粗利－販売管理費＝営業利益

店舗賃料

人件費

さらに質問。
粗利が少ないと
賃金はどうなりますか？

賃金は人件費で、販管費
に含まれますから、
賃金は上がりません

その通りです。
営業利益をマイナスにする
わけにいきませんから、
販管費は上げられません

ここが
少ないと

ここが
上げられない

粗利－販売管理費＝営業利益

店舗賃料

人件費

ここはマイナス
にできない

上がらない…

150

本当に大事なのは 1人当たりGDPです

GDPを見るときに
重要なのが、
1人当たりGDP
の数字です

日本のGDPについては
ニュースで見ますが、
1人当たりGDPの
ことは
よくわかりません

会社や商店などの
経営分析をする場合、
売上高を見たあとに
必ず、「1人当たり
売上高」をチェック
します

1人当たり売上高は、
下の式のように計算します

1人当たり売上高＝売上高÷従業員数

つまり、5人で1億円売り上げる
会社と、10人で1億円の会社では、
当然評価は変わってきます

5人で1億円なら
1人当たり売上高は
2000万円、
10人で1億円なら
1人当たり1000万円。
全然違いますね

GDPについても
見方は同様です

国が1年間に生んだ
粗利の合計であるGDPを、
ケーキの大きさだと
考えてください。
そうすると2021年の
名目GDPの順位はこうでした

※IMF統計による

アメリカ
1位

中国
2位

日本
3位

3番目に大きい
ケーキですね。
これだけ見ると、
まだ日本も大丈夫
そうな感じが
しますが？

では下図の計算で表される
1人当たりの名目GDPを
見てみましょう。
日本は何位だと思いますか?

GDP

1人当たりGDP

————— ＝
人口

10位くらいですか?

日本は27位です

  ・・・・・・・

27位　日本

※2021年。IMF統計による

やばいですね…

いずれにせよ
GDPを大きくすれば、
1人当たりGDPも
大きくなります

**GDPを
大きくすれば…**

**1人当たりGDPも
大きくなる**

つまりGDPを大きくして、
1人当たりGDP
（＝1人当たりの粗利）を
大きくすれば、私たちの
賃金も上げることができる
というわけですね

GDPを大きくするのは
簡単です

GDPは粗利の合計と
言いましたが、お金の使われ方
の側面から見ると、
下図のような表し方ができます

**日本の
名目GDPの
構成
（2020年度）**

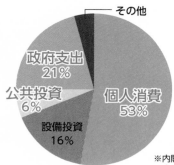

その他

政府支出
21%

公共投資
6%

設備投資
16%

個人消費
53%

※内閣府「国民経済計算」
より作成

この円の面積を
広げることが、
ケーキの大きさを
大きくするという
ことですか？

その通りです。
不況のときにGDPを大きくする
方法は、「パート1」で
話したニューディール政策に
ヒントがあります。
どういう政策でした？

公共事業や社会保障
などの政府支出を
バンバンやりました

するとこうなりますよね

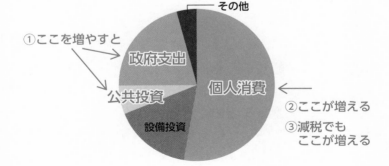

つまり不況のときに
GDPを大きく
するためには、
どこが金を出さない
といけないという
ことですか？

政府です

GDPを大きくする
ためには、政府が、
公共事業や社会保障などの
政府支出を積極的に
やるのがマストなのです

経済の仕組みとして、
ばらまき以外に
景気を上向かせる
方法はないという
ことですね

財政健全化をすれば
賃金が上がりません

ところが今の日本は、財政健全化の
ために何をしていますか？

以下の図のような、
歳出削減と増税です

出	入
社会保障費 地方交付金 その他	税金 その他
	増やす
減らす	

そろえる

政府支出を削減して
増税すると、次のページの
図のようになります

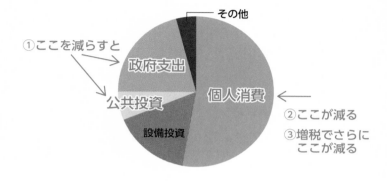

その他

① ここを減らすと
政府支出

個人消費 ←
② ここが減る

③ 増税でさらに
ここが減る

公共投資

設備投資

こうなると、
GDPの大きさは
どうなります？

大きくなりません

すると当然、一人
当たりGDPは？

増えません

1人当たりの粗利が
増えないので、賃金は？

上がりません

これが、財政健全化を
目指すと、経済が不健全に
（デフレがひどく）なる
仕組みです

ということは
私たちは30年間、
財政健全化のために、
デフレを我慢して
きたようなものですね

国はそろそろ、
30年間賃金が上がらない
という現実を直視して
ほしいものですね

どうしたら
国民の不安は軽減される
のでしょうか？

国がお金を低所得者層に流して
下から日本経済を回復させれば
よいのです

現実を
見つめてください

[借金を恐れずに投資する他国は、
GDPを増やしています]

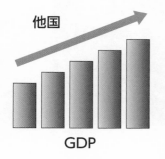

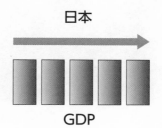

もっともっと借金を増やせば
日本もGDPを増やせます

「現実を視よ」。
これはユニクロの
創業者、柳井正さんの
言葉ですが、
どういう意味に
解釈しますか？

抽象的な論理ではなく、
あくまでもデータや実績に
基づいて考えなさい、
ということでは
ないでしょうか?

その通りだと思います。
「現実を見よ」
ではなく、「現実を視よ」
という言葉の選び方には、
柳井さんのどういう思いを
感じますか?

英語で言えば、
see や look
ではなく、watchかな。
注意深く観察しなさい
ということだと思います

私もそう思います。
そういう目で、政府の借金の
増え方と、GDPの増え方との
関係を見てみましょう。
まずはアメリカです

アメリカ

政府総債務残高（要は **政府の借金**）

2021年度は2001年度の **5.5倍**

GDP

2021年度は2001年度の **2.1倍**

※IMFの統計より算出。
ただし2021年度は2020年10月時点の推定値

政府の借金を
20年間で5.5倍に
増やしたんですか。
すごいですね

続いて、イギリスと
オーストラリアです

イギリス

政府総債務残高（要は**政府の借金**）

2021年度は2001年度の **6.2倍**

GDP

2021年度は2001年度の **2倍**

オーストラリア

政府総債務残高（要は**政府の借金**）

2021年度は2001年度の **10.8倍**

GDP

2021年度は2001年度の **2.9倍**

そして日本です

日　本

政府総債務残高（要は**政府の借金**）

2021年度は2001年度の　**1.8倍**

GDP

2021年度は2001年度の　**1倍**

日本のGDPは1倍、すなわち
20年前とほぼ同じということです

借金を恐れない他の国は
GDPを増やしているのに、
悲しいですね

これが現実です

では、ここまで見てきた
データを参考にして、
日本のGDPを
２倍にするためには、
政府はこの20年間で
借金をいくらにしなければ
ならなかったか、
計算してみてください。
なお、日本の借金額は
2001年に530兆円でした

166ページのアメリカの
データを見ると、
国の借金を5.5倍に増やして
GDPが約２倍ですから、
これを日本に当てはめると、
下のような式になります

530兆円×5.5＝約2900兆円

約2900兆円ということになりますよね。
もちろんアメリカのデータがそのまま当てはまるとはいえませんが、このくらいの金額の借金をして社会に投資をして、GDPを2倍にしていたら、日本人の賃金はどうなっていたでしょうか？

日本だけ30年間賃金が上がらないというようなことはなかったと思います

そこで質問です。
さきほどの計算式で出た2900兆円の借金は問題がありますか？

「パート1」で習った
経済主体の視点で見れば、
おそらく以下の図のような
感じになるだけだから、
問題ないと思います。
それに、国力＝国の供給力
ということも習いましたし、
GDPが大きくなるわけだから、
OKだと思います

マイナスの部	プラスの部
借金1000兆円 ＋1900兆円	金融資産2000兆円 ＋1900兆円
政府	企業　　家計 民間

※＋1900兆円分の政府の借金は、そのまま、社会（民間）に
投資されるものとする

すばらしい！
そういうことです

171

現実を視てみると、
日本の借金（ばらまき）額は
しょぼすぎると
思ったはずです。
かといって適当に
ばらまきまくれば、デフレは
解消するものでしょうか？

いえ。やはりここに
ばらまくのが
一番効果的だという
ポイントが
ありそうです

その通りです。
効果的に
ばらまくためには、
まず、デフレの正体
（＝原因）を見極める
ことが重要なのです

その2

デフレの正体が
わかって
いますか？

貧しくてお金を使えない人が
たくさん増えたからです

低所得の人が増えた
これがデフレの正体です

ここまでで、国の借金を
増やして、もっと社会に
ばらまかなければいけないことは
わかりましたね。
でももし、もっとばらまくべきだ
という世論になったら、
今の権力者はどのように
ばらまくと思いますか？

権力者のお友達を
中心にばらまくの
ではないかと
思います

それでデフレを
脱却できるでしょうか？

できないと思います

ですから、
どこに、どうばらまけば
一番効果的なのかを、よく
考えないといけないのです。
そこで質問。そもそも
デフレってなんですか？

デフレというのは、
供給よりも需要が少なくて、
結果、お金の価値が上がり、
モノやサービスの価値が
下がっている状態です

価値が高い　お金　モノ　価値が低い

経済学的には
それで結構です。
しかしこの説明で、
デフレ対策の
参考になりますか？

うーん。
よくわかりません

それでは日常の中で、
実際にあなたの目に
映るデフレとは、
どんな景色ですか？

商売している友人は、
「最近、カネ持ってるやつが
少なくなったよなー」
と嘆いていました。
要するに、低所得の人の
割合が増えたのだと
思います

それは同感です。
私が住んでいる
古いマンション街でも、
スーパーの**ポイント5倍
デー**にはいつもより多くの
客が押し寄せますし、
100円ショップのレジには
いつも行列ができています。
これが**デフレ**の正体です

イメージとしては、
かつて日本が1億総中流と
言われたころは、
こんな感じでした

そして今は、
こんな感じになっています

低所得の人の割合が増えたことに、
デフレの原因があるんですね

デフレは低所得者層の
ボトムアップで
簡単に解決できます

[お金を多く使える人が
増えるからです]

低所得者層のボトムアップで
デフレは簡単に終わります

デフレの正体、つまり
原因がわかれば、
対策は見えてきますね

低所得の人にお金をばらまいて、
いわゆる低所得者層の
ボトムアップをすればいいと
いうことですね？

下の図の悲しい顔の人たちに
お金をばらまいて…

こういう状態にできれば
デフレ脱却です

簡単ですね！

簡単なことですよ。
今、アメリカでも経済格差が
広がっていて、
このままではまずいという
ことで、中間層を厚くする
ことが、経済政策の目標に
掲げられているんです

中間層を厚くするというのは、すなわち低所得者層をボトムアップするということですから、この経済政策は、多くの人の賛同が得られそうですね

ところが、中間層を厚くするためには低所得者層のボトムアップしかないという当たり前の仕組みに、日本の権力者が目を向けようとしていないのが今の現状なのです

低所得者に配ったお金は
地域経済を
良くします

他の人の手に
そのお金が渡るからです

GO TO　TRAVEL

GO TO　　EAT

GO TO　　商店街

低所得者層のボトムアップで それ以外の人も潤います

低所得者層の方といえば？

非正規雇用の方、
生活保護の方、
国民年金だけの生活者の
方が思い浮かびます

この方々のうち、
非正規雇用の方については
あとで取り上げます。
ここでは、生活保護の方と
国民年金だけの生活者の方
についてお話しします。
さて、この方たちの収入を
ボトムアップするには
どうしたらいいですか？

社会保障費を激増させて、この方たちにばらまけばいいと思います

そのばらまき政策、国民みんなが賛成してくれると思いますか？

思いません…

しかし、低所得者層のボトムアップなしには、デフレは脱却できませんよ？

そうするとやはり、デフレ脱却は無理なんですかね…

私は、伝え方が大事だと
思っています。
たとえば、「社会保障費を
30兆円増額して、
生活保護費および
国民年金だけの生活者の
受給額を、年100万円ほど
増やす」と言えば…？

多くの国民に
反対されるでしょう

では、「景気対策費として
30兆円増やす」と言えば？

多くの国民に
賛成してもらえるのでは
ないでしょうか？

社会保障費の増額が、景気対策とイコールだとすれば…？

社会保障費30兆円の増額
॥
30兆円の景気対策

 それであれば、多くの国民が社会保障費の増額に賛成してくれるでしょう。でも本当にイコールなんですか？

お金は血液と同じで流れるものである。この当たり前のことに気がつけば、納得できるはずです

では順に説明しましょう。
国が、生活保護費を月30万円に
増額したとします。
そして月初めに、生活保護の方
の銀行口座に30万円が
振り込まれたとします。
月末にこの30万円は
どうなっていると思いますか?

ほとんど残って
いないと思います

お金はどこに流れたと
思いますか?

その方の生活圏、
主に地域社会だと
思います

要するに振り込まれたお金は、他の人の手に渡ったということですよね？

そうか！　そしてそのお金も、他の人の手から別の人の手に渡っていきますね

その通りです。この仕組みで考えると、社会保障費を増やせば増やすほどどうなりますか？

社会保障費を受け取る以外の人も潤い、みんなが潤います

社会保障費30兆円の増額が、
30兆円の景気対策になる
ということがおわかり
いただけましたか？

納得しました

ついでに質問。
公務員を減らしたら
景気はどうなります

公務員の財布から
他の人の手に渡るお金が
減少しますから、
景気は悪くなります

Good job!

低所得者にばらまくのが 1番コスパが 良くなります

お金は下から上に
吸い上げられるからです

低所得者層にばらまくのが
1番コスパが良いです

一部の経済学者は、
下図のイメージのように、
お金はトリクルダウンすると
言っています。
富裕者がさらに富めば、
低所得層にもお金が流れるという
理論です

大企業→

中小企業→

下請け企業→

実感がありませんね

そうですよね。
現実は、下図のような
イメージになります。
これを踏まえると、
あまり効果が得られない
ばらまきは、
どんなやり方でしょうか？

大企業→

中小企業→

下請け企業→　　　　　流れてこない…

高所得者層に
ばらまいて、そこから
下に落ちていくのを狙う
というやり方です

その通りです。
では、どのように
すればよいでしょう？

上からがダメなら、
下からです

そうです。下からです。
ところであなたは、
体全体を温めたいとき、
頭を温めますか？
お腹を温めますか？
足を温めますか？

それはやっぱり
足からでしょう

足を温めれば、
その熱が血流とともに
全身をめぐります。
そして全身が温まりますよね

足湯で全身ポカポカ♪

なるほど！
経済もこれと同じで、
低所得者層にお金を
ばらまけば、そのお金が
世の中全体をめぐって、
景気が良くなるという
ことですね

その通りです。
ですから同じ金額を
ばらまくなら、
低所得者層に
ばらまくのが
一番コスパの良い
ばらまき方になります

理屈はなるほどですが、
実際はどうなんでしょう？

それでは質問。
新型コロナで
特別定額給付金が
国民1人当たり
10万円配られました。
国の支出は12兆円でした。
このうち、世の中に
出回ったのは
何兆円だったでしょう？

たしか3兆円だった
と思います

では、低所得者層だけに
12兆円を配ったら、
世の中に出ていくお金は？

12兆円、ほぼ出ていくと思います

ということは、
国民全員に配るよりも、
低所得者層だけに
配るほうが、4倍も経済効果
があるということです

景気を良くするためには、
低所得者層に
お金をばらまくのが
一番コスパが良いという
意味がわかりました

その6

中小企業に賃上げする力はありません

政府がばらまいて会社員の収入をアップさせればいいのです

賃金変わらず	+	政府から給付	=

収入UP

賃上げをしなくても
収入は増やせます

上の「賃上げをしなくても
収入は増やせます」とは、
どういうことですか？

その前に質問です。
賃上げとか
最低賃金アップとか、
現実問題として、
今の中小企業にそんな
体力がありますか？

賃上げできるのは
大手企業だけです。
最低賃金を上げたら、
コンビニがたくさん
つぶれてしまうという
話も聞きます

その通りです。
人件費をギリギリのところで
やって、それでやっと
なんとか利益が出せる。
それが、中小企業の現実です

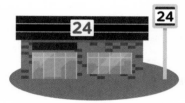

時給上げたい
けど、上げると
つぶれちゃう…

賃金を上げたくても、
現実的に上げられない…

できないことなのに、
上げさせようとするのは？

時間の無駄
です

とはいえ、
デフレを脱却するには、
人々の収入を増やさなければ
いけませんよね?
賃上げできないなら
どうすればいいか?
ここまで一緒に
経済を学んできましたから、
もうわかっていますよね?

国がお金をばらまいて、
非正規雇用の方たちや
中小企業で働く人たちの
収入を増やせば
いいんですね?

その通りです。
国がその気になれば、
時給をプラス600円に
することも可能です

1日8時間、月に22日間
働く人ならば、
600円×8×22＝10万5600円
の増収になります。
年収にすると120万円以上
増えます

具体的なやり方は？

新型コロナの最中、
持続化給付金
というのが、
個人事業主の方たちに
支払われましたよね？

…ということは、
同様のやり方で
中小企業の会社員や
非正規雇用の方に
支払うことが可能ですね

この政策に反対する
人がいるでしょうか？

中小企業の会社員以外の
人たちにも、そのお金が
回ることになりますから、
みんな大歓迎です

国はどうです？
国の借金は
増えますよ？

国の借金
＝有効需要の増加です。
経済を活性化させ、
国力＝供給力は上がり、
GDPは増加します。
したがって国も
大歓迎のはずです

国がそのように
動いたら、国際的な
評価はどうなるで
しょうか？

日本が、独自の
"一人負け政策"を
やめたと思うでしょうね

その通りです。
時代に取り残された
ボケ老人たちが
日本経済の足を
引っ張っていたが、
やっとその間違いに
気がついたと思うでしょう

そして日本経済が
復活する。
これは脅威だと
思われるかもしれません

その7

年金制度
お前はすでに
死んでいる

▼

［全額国債でまかなえば
楽勝です］

若者2人で
老人1人を
支えているなんて
嘘です

税金　税金

年金制度
お前はすでに死んでいる

年金制度は、
今どうなっていると
言われていますか？

生産年齢人口2人当たりで、
高齢者1人を支えている状態
と言われています

こうですか？

はい。そのような
イメージです

じつはそれ、
嘘です

嘘なんですか？

実際は、以下の通りです。
生活年齢人口2人でも
足りなくて、
足りない分を税金で
まかなっています

 税金 税金

年金制度は、
すでに破綻して
いるということ
ですね…

その通りです

国会ではよく、
年金制度が将来破綻する
かもしれないから
なんとかしなければ
いけないというような
議論をしていますが…?

すでに破綻している
わけですから
意味がありません。
嘘がばれるのを
先延ばしにしている
だけです

本当に
無責任ですね…

では、どうすれば
いいでしょうか？

政府が国債を発行して、
そのお金で、年金を
まかなえばいいと思います

こういうことですね

国
債

国
債

国
債

国
債

では質問。
年金をすべて国債で
まかなうということは、
社会保障費の
爆増ということですが、
大丈夫でしょうか？

年金生活者の方に
支払われたお金は、やがて、
年金生活者以外の人たちに
回りますから、
結局は景気対策費になる
ということになります。
なんの問題もありません

よくできました。
社会保障費が増えて
大変だなどと騒ぐ人は、
経済をよくわかって
いない人です

お金をばらまいて解決できるのは デフレギャップがあるからです

なんでも
お金をばらまけば
解決できるというのは
話がうますぎる。
読者の中には、
そういう懸念を
抱かれた方も
いらっしゃると思います

それはそうかも
しれません。
あとひと押し、
何か説得材料が
ほしいところですね

じつは、
お金がばらまける
のは、今がデフレ
だからなんです

不景気という状況においてのみ、
お金がばらまけるという
ことですか?

「パート1」で説明した、
下の図をもう一度
見てください

デフレ
ギャップ

供給

有効
需要

国力とは、供給力の
ことでしたよね。
そして供給力というのは、
国民がよく働いた
結果が表れたものです。
そういう目で、
前ページの図を
Watchしてみてください

わかりました！
よく働いた分（供給力を
生み出した分）に
見合うお金を国民が
受け取っていないので、
デフレギャップが
できているという
ことですね？

その通りです

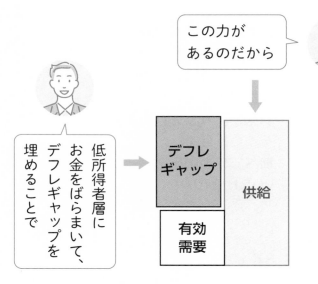

この力が
あるのだから

低所得者層に
お金をばらまいて、
デフレギャップを
埋めることで

デフレ
ギャップ

供給

有効
需要

それ以外の人の
カネ回りも
良くなります

ところが日本は、
その逆を
やってきたんですね

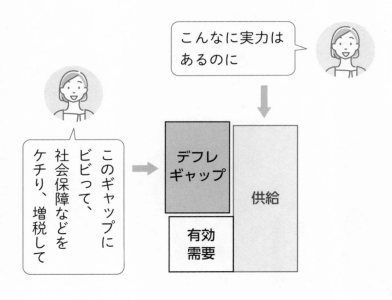

日本の経済を、ポツンと一人負けさせることになった

その通りです！

そこで質問です。
経団連は、以下のような
低所得者にお金を
ばらまく政策に
反対するでしょうか?

低所得者層に
お金をばらまいて
デフレギャップを
埋める

デフレ ギャップ	供給
有効 需要	

有効需要が増えることに
なりますから、モノやサービスが
もっと売れます。
すると企業は儲かるので、
経団連も大賛成だと思います

経団連などの
財界が賛成しないような
政策は、実現が難しいです。
しかしこの政策は、
お金は循環するものであり、
経済はつながり合っている
ということさえ
理解していただければ、
経団連の皆さんにも
賛成していただけるはずです。
そして、この考え方が世の中に
浸透するほど、この政策の
実現性は高くなります

実現するといいですね！
しかしこれもまた、
机上の空論だと
サビた頭の人たちに
言われないか心配です…

立場を離れたとき
人は本音を語ります

生活保護費を1人当たり
年100万円増やして、
非正規雇用の方々の
時給を600円アップして、
国民年金の受給額を
月20万円にしたとします。
このとき、かかる費用は
ざっくり100兆円くらい
かと思います

けっこうな金額ですね。
でも、これが丸ごと
景気対策費になると思えば、
見え方はまた違ってきますよね。
100兆円で、今のデフレギャップ
は埋まりますか?

「パート1」でも紹介しましたが、
麻生太郎さんが、自民党が野党に
転落したときに語った
言葉をもう1度お聞きください

「政府の借金が多いのが
問題だという人がいっぱいいるけど、
何が問題なんです？
借金が多ければそんなに大変ですか？」

与党のときに
言っていたことと、
真逆のことを
言っていますね

こちらが本音なのは
明らかですよね。
彼が言うように、
いくら借金が多くても
問題はないとすると？

100兆円でも200兆円でも
好きなだけ、ばらまける
ということになります

「パート1」で
紹介しましたが、
財務省も、自国通貨建ての
国債のデフォルトは
考えられないと
言っていましたよね

それなら、国債を発行して
100兆円をばらまいて、
低所得者層の底上げをして
デフレを解消することは、
今すぐにでも
実現できるということです。
なぜ、国民を幸せにする
政策をやらないのですか?

あくまで私の考えですが、
日本の権力者は、
江戸時代の頃から、低所得者に
お金をばらまいた経験が
ないからではないでしょうか？

権力者

庶民

要は日本は、
ずっと弱者に
冷たかったんですね…

それでも今すぐ低所得者層の
ボトムアップをしないと、
日本は終わります。
今がその瀬戸際だと感じています

終わり

イラスト／宇和島太郎（P29、P48-P49、P219）、Adobe Stock
ページデザイン・DTP・図版制作／センターメディア

著者紹介

間地 秀三 1950年生まれ。数学専門塾「ピタゴラス」主宰。長年にわたり小学・中学・高校生に基礎の総復習から受験対策まで数学の個人指導を行う。学校や大手塾の授業でつまずいた子どもたちでも、「苦手」を「得意」に変えられると話題の指導法で、地元関西の名門校を中心に数多くの教え子を合格に導く。簡単にわかる数学・算数のマスター法を数学書として多数発表するほか、数学指導のノウハウを生かし、経済・株式投資・パソコンスキルなど幅広い分野で執筆活動している。

日本経済
ポツンと一人負けの本当の理由

2023年5月10日　第1刷

著　　者	間地　秀三
発　行　者	小澤源太郎

責任編集　株式会社　プライム涌光
電話　編集部　03(3203)2850

発　行　所　株式会社　青春出版社
東京都新宿区若松町12番1号　〒162-0056
振替番号　00190-7-98602
電話　営業部　03(3207)1916

印刷　三松堂　　製本　フォーネット社

青春出版社の四六判シリーズ